Les chauves-souris

D0881795

Elizabeth Carney

Texte français de Marie-Josée Brière

SCHOLASTIC

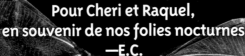

**Pour Cheri et Raquel,
en souvenir de nos folies nocturnes
—E.C.**

Catalogage avant publication de Bibliothèque et Archives Canada

Carney, Elizabeth, 1981-

[Bats. Français]

Les chauves-souris / Elizabeth Carney ; texte français de Marie-Josée Brière.

(National Geographic kids)

Traduction de : Bats.

ISBN 978-1-4431-5483-3 (couverture souple)

1. Chauves-souris--Ouvrages pour la jeunesse. I. Titre. II. Titre: Bats.
Français. III. Collection: National Geographic kids.

QL737.C5C3714 2016   j599.4   C2016-903015-6

Édition publiée par les Éditions Scholastic, 604, rue King Ouest, Toronto (Ontario) M5V 1E1 avec la permission de National Geographic Society.

5 4 3 2 1   Imprimé au Canada 119   16 17 18 19 20

Références photographiques :

Page couverture : Theo Allofs; 1, Martin Withers/FLPA/Minden Pictures/NationalGeographicStock.com; 2, Merlin D. Tuttle, Bat Conservation International; 5, cbimages/Alamy; 6, Norbert Wu/Minden Pictures/ NationalGeographicStock.com; 8, Michael Lynch/Alamy; 9, Carol Farneti Foster/Getty Images; 10, Tim Laman/NationalGeographicStock.com; 12, Mark Carwardine/naturepl.com; 13, Eric Baccega/naturepl.com; 14, Victor Habbick Visions/Photo Researchers, Inc.;16 (en haut), ImageState/Alamy; 16 (en bas), Morley Read/ Shutterstock; 17 (en haut), Barry Mansell/naturepl.com; 17 (en bas), Nina Leen/Time & Life Pictures Creative/ Getty Images; 19, Theo Allofs/The Image Bank/Getty Images; 21, Tristan Savatier/Flickr/Getty Images; 22, WIN-Initiative/Getty Images; 23, Merlin D. Tuttle/Bat Conservation International/Photo Researchers, Inc.; 24, Newspix/Rex USA; 26, Michael & Patricia Fogden/Minden Pictures/NationalGeographicStock.com; 28, Ingo Arndt/Foto Natura/Minden Pictures/NationalGeographicStock.com; 29 (en haut), Tom Uhlman/Alamy; 29 (au centre), Oxford Scientific/Photolibrary/Getty Images; 29 (en bas), Nick Gordon/ardea.com; 30, Tim Laman/ NationalGeographicStock.com; 30 (en médaillon), Steve Downer/ardea.com; 31 (en haut), Konrad Wothe/ Minden Pictures/NationalGeographicStock.com; 31 (au centre), Chris Howes/Wild Places Photography/ Alamy; 31 (en bas), Hugo Willcox/Foto Natura/Minden Pictures/NationalGeographicStock.com; 32 (en haut, à gauche), cbimages/Alamy; 32 (au centre, à gauche), Bob Stefko/The Image Bank/Getty Images; 32 (en bas, à gauche), Tim Laman/NationalGeographicStock.com; 32 (en haut, à droite), Victor Habbick Visions/Photo Researchers, Inc.; 32 (au centre, à droite), Michael & Patricia Fogden/NationalGeographicStock.com; 32, en bas, à droite, Steffen & Alexandra Sailer/ardea.com.

MIXTE
Papier issu de
sources responsables
FSC® C103113

10%

Table des matières

Une chauve-souris

Je dors le jour. Je vole la nuit. Je n'ai pas de plumes pour m'aider à voler.
Qui suis-je?

Une chauve-souris! Les chauves-souris sont des mammifères. Les mammifères sont des animaux qui nourrissent leurs petits avec leur lait. Ils ont le sang chaud et sont couverts de poils. Les humains, les chiens et les baleines sont aussi des mammifères. Mais les chauves-souris ont un talent particulier. Elles peuvent voler!

À savoir

MAMMIFÈRE : Animal à sang chaud qui boit du lait produit par sa mère, et qui a des poils et une colonne vertébrale.

Roussette

Au menu

Il existe environ 1 200 espèces de chauves-souris dans le monde. La plupart mangent des insectes. Ces chauves-souris sont généralement de petite taille.

Mais il y a aussi plus de 150 espèces de chauves-souris frugivores. Elles mangent des fruits et d'autres plantes sucrées. Elles sont généralement plus grosses que les chauves-souris qui mangent des insectes.

Q Que font les chauves-souris quand elles sont contentes?

R Elles sourient!

Carollia brevicauda en train de se nourrir

Certaines chauves-souris chassent des proies plus grosses, comme des grenouilles, des oiseaux ou des souris.

Il y a des gens qui croient que toutes les chauves-souris sucent le sang. Ce n'est pas vrai. Il y a seulement trois sortes de chauves-souris qui se nourrissent de sang. On les appelle les « chauves-souris vampires ». Elles boivent surtout le sang d'animaux comme des vaches et des cerfs, mais pas le sang des humains.

Chauve-souris vampire

Phyllostome à lèvres frangées mangeant une grenouille

Vol de nuit

Savais-tu que, pendant que tu dors à poings fermés, les chauves-souris sont occupées à se nourrir? Les chauves-souris sont des animaux nocturnes, ce qui veut dire qu'elles sont actives la nuit. Ce mode de vie a beaucoup d'avantages pour elles.

Des milliers de molosses quittent leur grotte au coucher du soleil.

Les chauves-souris qui mangent des insectes se nourrissent d'espèces sortant la nuit. Et celles qui se nourrissent de pollen et de nectar en trouvent sur certaines plantes s'ouvrant seulement pendant la nuit. Le nectar, c'est un liquide sucré produit par les fleurs.

À savoir

NOCTURNE : Qui est actif la nuit.
NECTAR : Liquide sucré produit par les fleurs.

Le corps des chauves-souris

Les scientifiques appellent
les chauves-souris des
« chiroptères » (le « ch » se prononce
comme un « k »). C'est un nom grec
qui veut dire « main ailée ». En effet,
les chauves-souris ont quatre doigts et
un pouce, comme nous. Leurs doigts
sont reliés par une peau mince et
forment ainsi leurs ailes. Les chauves-
souris ont aussi un nez sensible
et de grandes oreilles. Ces oreilles
permettent à la plupart d'entre elles
d'identifier ce qui les entoure en se
fiant uniquement aux sons!

Q Qu'a dit la chauve-souris quand son amie lui a demandé : — Qu'est-ce que tu vois là-haut?

R — Le sol.

Fourrure

Nez sensible

Grandes oreilles

Excellente vue

Aile

Quatre doigts

Pouce

ÉCHOLOCALISATION : Système qui permet à certains animaux de localiser des objets à l'aide des ondes sonores.

La nuit, quand il fait très noir,
une chauve-souris peut attraper
facilement des insectes minuscules.
Pas besoin de lampe de poche!
Mais comment fait-elle? Elle
produit un son qui voyage jusqu'à
ce qu'il frappe un objet. Alors, le
son rebondit sur l'objet et revient
en écho vers elle. La chauve-souris
peut ainsi savoir de quelle taille
est l'objet et à quelle distance
il se trouve. C'est ce qu'on appelle
l'« écholocalisation ».

Drôle de tête!

Chauve-souris amazonienne

Faux vampire

Certaines chauves-souris ont une drôle de tête. La forme particulière de leurs yeux, de leur nez et de leur bouche les aide à mieux entendre et à produire des sons quand elles se servent de l'écholocalisation.

Oreillard maculé

Oreillard de Virginie

Leurs têtes nous semblent peut-être étranges, mais pour des chauves-souris, ces caractéristiques sont parfaitement adaptées!

La tête en bas

Quand les chauves-souris ne sont pas
à la recherche de nourriture, en général,
elles se cachent dans un dortoir. Ce
dortoir ou aire de repos peut être une
grotte ou un grenier, ou tout simplement
la cime d'un arbre. Les chauves-souris
choisissent des endroits peu visibles,
où elles sont à l'abri du mauvais temps.

Quand elles se reposent dans leur
dortoir, la plupart des chauves-souris
s'accrochent la tête en bas!

À savoir

**DORTOIR : Endroit où se reposent des animaux
comme les chauves-souris et certains oiseaux.**

Petits renards
volants au repos
dans un arbre

T'es-tu déjà suspendu à l'envers dans une structure de jeux? C'est assez pour avoir la tête qui tourne! Les chauves-souris ont des veines spéciales qui permettent une bonne circulation du sang. Elles ne sont donc jamais étourdies.

Les chauves-souris ne peuvent pas s'envoler en partant du sol comme les oiseaux. Elles doivent se laisser tomber en ouvrant leurs ailes. La meilleure façon de s'envoler rapidement, c'est de s'accrocher la tête en bas.

Chauves-souris suspendues et chauves-souris en vol dans une grotte

21

Les bébés

Maman et bébé
chauves-souris

Maman et bébé roussettes à épaulettes de Gambie, en vol

À leur naissance, les bébés chauves-souris sont entièrement dépendants de leur mère. Ils sont aveugles, ils n'ont pas de poils et ils sont incapables de voler. Ils s'accrochent à la fourrure de leur mère et boivent son lait jusqu'à ce que leurs ailes soient assez fortes pour leur permettre de voler.

Au secours!

Quand il y a des tempêtes dans la forêt pluviale australienne, le vent fait parfois tomber les bébés chauves-souris sur le sol. Les bébés ne peuvent généralement pas survivre, à moins que des travailleurs de la faune viennent à leur secours.

Chauves-souris rescapées au Queensland, en Australie

Les petits chanceux sont alors amenés à un hôpital pour chauves-souris. Ils sont enroulés dans des couvertures et ils boivent du lait au biberon. Après quelques mois, ils sont assez forts pour retourner dans la nature.

Des animaux utiles

Chauve-souris butineuse dont la tête et les épaules sont couvertes de pollen

Un monde sans chauves-souris ne serait pas très agréable. Les chauves-souris jouent un rôle important dans l'écosystème. Celles qui se nourrissent d'insectes peuvent en avaler des millions. Beaucoup de ces insectes sont des animaux nuisibles, qui peuvent causer du tort aux humains ou détruire des récoltes. Les chauves-souris contribuent à limiter leur nombre.

D'autres chauves-souris aident à garder les forêts en bonne santé en répandant des graines et du pollen. Ainsi, les arbres et les fleurs peuvent se multiplier.

À savoir

ÉCOSYSTÈME : Environnement dans lequel vivent des êtres vivants.

Non, c'est un mythe!

MYTHE : Les chauves-souris sont aveugles.
RÉALITÉ : Les chauves-souris voient très bien. Certaines chassent seulement à vue.

Les chauves-souris sont souvent des incomprises. Voici quelques mythes répandus, critiqués par les experts.

MYTHE : Les chauves-souris sont sales.

RÉALITÉ : En fait, les chauves-souris sont super propres. Elles font leur toilette très souvent. Et les mères lèchent leurs bébés pour les nettoyer.

MYTHE : Les chauves-souris s'accrochent aux cheveux des gens.

RÉALITÉ : Grâce à leurs sens bien développés et à l'écholocalisation, les chauves-souris volent très bien. Elles peuvent éviter des obstacles aussi minces qu'un fil.

MYTHE : Les chauves-souris vampires se transforment en vampires humains.

RÉALITÉ : C'est impossible, tout simplement parce que les vampires humains, ça n'existe pas!

Quelques records

MINUSCULE

La chauve-souris bourdon est la plus petite au monde. Les ailes ouvertes, elle mesure à peine 12 centimètres. Et son corps est aussi petit qu'une dragée!

DES AILES IMMENSES

La plus grande chauve-souris, c'est le renard volant. Cette chauve-souris pèse plus d'un kilo, et ses ailes peuvent atteindre près de deux mètres. C'est bien plus grand que toi!

Q Pourquoi la chauve-souris a-t-elle utilisé du chasse-moustiques?

R Parce qu'elle est au régime!

SOUS LA TENTE

La chauve-souris blanche du Honduras se fait une tente avec des feuilles d'arbres pour se protéger de la pluie constante.

UNE GROTTE BONDÉE

Au Texas, 20 millions de molosses du Brésil vivent ensemble dans une grotte. Ces chauves-souris sont aussi des spécialistes du vol. Elles peuvent s'élever jusqu'à 3 000 mètres et voler à plus de 60 kilomètres à l'heure!

UN GROS APPÉTIT

Les petites chauves-souris brunes peuvent manger jusqu'à 1 200 moustiques en une nuit! Miam!

MAMMIFÈRE : Animal à sang chaud qui boit du lait produit par sa mère, et qui a des poils et une colonne vertébrale.

ÉCHOLOCALISATION : Système qui permet à certains animaux de localiser des objets à l'aide des ondes sonores.

DORTOIR : Endroit où se reposent des animaux comme les chauves-souris et certains oiseaux.

NECTAR : Liquide sucré produit par les fleurs.

NOCTURNE : Qui est actif la nuit.

ÉCOSYSTÈME : Environnement dans lequel vivent des êtres vivants.